필수핵심영단어
800

알파벳 순 400
상황별 순 400

따라쓰기

영어는 학문이 아닙니다 언어입니다.

영어를 다시 시작하는 시니어를 위한 학습 방법입니다.

영어는 이제 우리 생활에서 뗄레야 뗄 수 없을 만큼 많은 비중을 차지하고 있습니다.

영어는 리듬입니다.

반복 학습입니다.

반복해서 듣고 귀로 외워야 합니다.

기초부터 어휘력을 키우고 학습 할 수 있도록 구성하였습니다.

유튜브 시니어 영어세상 / 재생목록 / 필수 핵심 영단어 참고 합니다.

1. 기초 필수 핵심 단어를 알파벳 순으로 듣고 따라 말해 봅니다.

    (특히 원어민 발음의 엑센트를 느끼면서 듣고 따라 말합니다.)

2. 책에 있는 단어를 반복해서 써봅니다.

머리말

3. 다시 실 생활 단어를 상황별로 써보고 K팝 랩 (18곡)으로 신나게 음악을 들으면서 자연스레 습득합니다.
4. 손 자녀와 함께 같이 듣고 음악으로 소통합니다.

이 교재와 유튜브를 활용하면 빠른 시간에 영어 기초를 다지게 됩니다.

꿈을 드립니다.

이투원 영어팀 편저

목 차

알파벳순서 6

상황별순서 87

필수핵심 영단어 400

알파벳 순서 따라쓰기

날짜	학습목표	학습시간	평가

필수핵심영단어 400 (알파벳순서)

 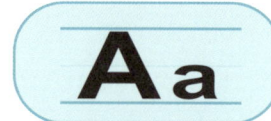

영어로 써보고 연습하기

001	개미	ant	ant
002	공항	airport	airport
003	동물	animal	animal
004	아주머니	aunt	aunt
005	아파트	apartment	apartment
006	오후	afternoon	afternoon
007	미국	America	America
008	미국인	American	American
009	묻는다	asking	asking
010	비행기	airplane	airplane

Aa

- [ ] 001 **ant** 개미
  ant

- [ ] 002 **airport** 공항
  airport

- [ ] 003 **animal** 동물
  animal

- [ ] 004 **aunt** 아주머니
  aunt

- [ ] 005 **apartment** 아파트
  apartment

- [ ] 006 **afternoon** 오후
  afternoon

- [ ] 007 **America** 미국
  America

- [ ] 008 **American** 미국인
  American

- [ ] 009 **asking** 묻는다
  asking

- [ ] 010 **airplane** 비행기
  airplane

필수핵심영단어 400 (알파벳순서)

		영어로 써보고 연습하기
011	사과	apple	apple
012	팔	arm	arm

B b

		영어로 써보고 연습하기
013	가슴	breast	breast
014	가방	bag	bag
015	갈색	brown	brown
016	검은	black	black
017	곰	bear	bear
018	공	ball	ball
019	갈색 머리카락	brown hair	brown hair
020	검은 구두	blank shoes	blank shoes

☐ 011	**apple** 사과	
	apple	
☐ 012	**arm** 팔	
	arm	
☐ 013	**breast** 가슴	**B b**
	breast	
☐ 014	**bag** 가방	
	bag	
☐ 015	**brown** 갈색	
	brown	
☐ 016	**black** 검은	
	black	
☐ 017	**bear** 곰	
	bear	
☐ 018	**ball** 공	
	ball	
☐ 019	**brown hair** 갈색 머리카락	
	brown hair	
☐ 020	**blank shoes** 검은 구두	
	blank shoes	

필수핵심영단어 400 (알파벳순서)

영어로 써보고 연습하기

021	꿀벌	bee	bee
022	농구	basketball	basketball
023	나비	butterfly	butterfly
024	담요	blanket	blanket
025	등	back	back
026	병	bottle	bottle
027	버스정류장	bus stop	bus stop
028	배꼽	bellybutton	bellybutton
029	버스	bus	bus
030	블록	blocks	blocks

| 021 | **bee** 꿀벌 |
bee

| 022 | **basketball** 농구 |
basketball

| 023 | **butterfly** 나비 |
butterfly

| 024 | **blanket** 담요 |
blanket

| 025 | **back** 등 |
back

| 026 | **bottle** 병 |
bottle

| 027 | **bus stop** 버스정류장 |
bus stop

| 028 | **bellybutton** 배꼽 |
bellybutton

| 029 | **bus** 버스 |
bus

| 030 | **blocks** 블록 |
blocks

필수핵심영단어 400 (알파벳순서)

031	벤치	bench	bench
032	버터	butter	butter
033	바나나	banana	banana
034	박쥐	bat	bat
035	빵	bread	bread
036	소년	boy	boy
037	서점	book store	book store
038	새	bird	bird
039	산다	buying	buying
040	이발사	barber	barber

- 031 **bench** 벤치
  bench

- 032 **butter** 버터
  butter

- 033 **banana** 바나나
  banana

- 034 **bat** 박쥐
  bat

- 035 **bread** 빵
  bread

- 036 **boy** 소년
  boy

- 037 **book store** 서점
  book store

- 038 **bird** 새
  bird

- 039 **buying** 산다
  buying

- 040 **barber** 이발사
  barber

필수핵심영단어 400 (알파벳순서)

		영어로 써보고 연습하기
041 아기	baby	baby
042 욕실	bathroom	bathroom
043 욕조	bathtub	bathtub
044 은행	bank	bank
045 이발소	barber shop	barber shop
046 야구	baseball	baseball
047 자전거	bicycle	bicycle
048 책	book	book
049 침대	bed	bed
050 푸른	blue	blue

041	**baby** 아기
	baby

042	**bathroom** 욕실
	bathroom

043	**bathtub** 욕조
	bathtub

044	**bank** 은행
	bank

045	**barber shop** 이발소
	barber shop

046	**baseball** 야구
	baseball

047	**bicycle** 자전거
	bicycle

048	**book** 책
	book

049	**bed** 침대
	bed

050	**blue** 푸른
	blue

필수핵심영단어 400 (알파벳순서)

영어로 써보고 연습하기

번호	뜻	영어	연습
051	파란색 바지	blue pants	blue pants
052	형/오빠	brother	brother

C c

번호	뜻	영어	연습
053	고양이	cat	cat
054	긴다	creeping	creeping
055	까마귀	crow	crow
056	낙타	camel	camel
057	도시	city	city
058	당근	carrot	carrot
059	닫는다	closing	closing
060	모자	cap	cap

051	**blue pants**	파란색 바지
	blue pants	
052	**brother**	형/오빠
	brother	
053	**cat**	고양이
	cat	
054	**creeping**	긴다
	creeping	
055	**crow**	까마귀
	crow	
056	**camel**	낙타
	camel	
057	**city**	도시
	city	
058	**carrot**	당근
	carrot	
059	**closing**	닫는다
	closing	
060	**cap**	모자
	cap	

C c

필수핵심영단어 400 (알파벳순서)

영어를 써보고 연습하기

061	비디오 카메라	camcorder	camcorder
062	붙든다	catching	catching
063	사진기	camera	camera
064	시골	country	country
065	시계	clock	clock
066	양배추	cabbage	cabbage
067	오이	cucumber	cucumber
068	옥수수	corn	corn
069	암소	cow	cow
070	의자	chair	chair

061	**camcorder** 비디오카메라
	camcorder
062	**catching** 붙든다
	catching
063	**camera** 사진기
	camera
064	**country** 시골
	country
065	**clock** 시계
	clock
066	**cabbage** 양배추
	cabbage
067	**cucumber** 오이
	cucumber
068	**corn** 옥수수
	corn
069	**cow** 암소
	cow
070	**chair** 의자
	chair

필수핵심영단어 400 (알파벳순서)

영어로 써보고 연습하기

071	아이	child	child
072	악어	crocodile	crocodile
073	온다	coming	coming
074	오른다	climbing	climbing
075	요리한다	cooking	cooking
076	운다	crying	crying
077	자동차	car	car
078	중국	China	China
079	치즈	cheese	cheese
080	초콜릿	chocolate	chocolate

- [ ] 071 **child** 아이
  child

- [ ] 072 **crocodile** 악어
  crocodile

- [ ] 073 **coming** 온다
  coming

- [ ] 074 **climbing** 오른다
  climbing

- [ ] 075 **cooking** 요리한다
  cooking

- [ ] 076 **crying** 운다
  crying

- [ ] 077 **car** 자동차
  car

- [ ] 078 **China** 중국
  China

- [ ] 079 **cheese** 치즈
  cheese

- [ ] 080 **chocolate** 초콜릿
  chocolate

필수핵심영단어 400 (알파벳순서)

081	침팬지	**chimpanzee**
082	커튼	**curtain**
083	컴퓨터	**computer**
084	컵	**cup**
085	커피포트	**coffee pot**
086	케이크	**cake**
087	커피	**coffee**
088	카네이션	**carnation**
089	크레용	**crayon**
090	청소한다	**cleaning**

081	**chimpanzee** 침팬지
	chimpanzee

082	**curtain** 커튼
	curtain

083	**computer** 컴퓨터
	computer

084	**cup** 컵
	cup

085	**coffee pot** 커피포트
	coffee pot

086	**cake** 케이크
	cake

087	**coffee** 커피
	coffee

088	**carnation** 카네이션
	carnation

089	**crayon** 크레용
	crayon

090	**cleaning** 청소한다
	cleaning

Dd

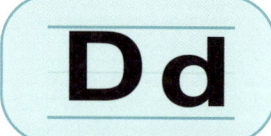

091	공룡	dinosaur	dinosaur
092	개	dog	dog
093	그림 그린다	drawing	drawing
094	돌고래	dolphin	dolphin
095	딸	daughter	daughter
096	문	door	door
097	마신다	drinking	drinking
098	백화점	department store	department store
099	사슴	deer	deer
100	인형	doll	doll

Dd

- [ ] 091 **dinosaur** 공룡
  dinosaur

- [ ] 092 **dog** 개
  dog

- [ ] 093 **drawing** 그림 그린다
  drawing

- [ ] 094 **dolphin** 돌고래
  dolphin

- [ ] 095 **daughter** 딸
  daughter

- [ ] 096 **door** 문
  door

- [ ] 097 **drinking** 마신다
  drinking

- [ ] 098 **department store** 백화점
  department store

- [ ] 099 **deer** 사슴
  deer

- [ ] 100 **doll** 인형
  doll

필수핵심영단어 400 (알파벳순서)

영어로 써보고 연습하기

#	뜻	영어	연습
101	오리	duck	duck
102	의사	doctor	doctor
103	약국	drug store	drug store
104	운전사	driver	driver
105	운전한다	driving	driving
106	접시	dish	dish
107	잠자리	dragonfly	dragonfly
108	책상	desk	desk
109	춤춘다	dancing	dancing
110	꿈꾼다	dreaming	dreaming

101	**duck** 오리
	duck
102	**doctor** 의사
	doctor
103	**drug store** 약국
	drug store
104	**driver** 운전사
	driver
105	**driving** 운전한다
	driving
106	**dish** 접시
	dish
107	**dragonfly** 잠자리
	dragonfly
108	**desk** 책상
	desk
109	**dancing** 춤춘다
	dancing
110	**dreaming** 꿈꾼다
	dreaming

필수핵심영단어 400(알파벳순서)

 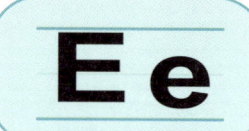

영어를 써보고 연습하기

111	귀	ear	ear
112	가지	eggplant	eggplant
113	나간다	exiting	exiting
114	눈	eye	eye
115	눈썹	eyebrows	eyebrows
116	독수리	eagle	eagle
117	달걀	egg	egg
118	들어간다	entering	entering
119	먹는다	eating	eating
120	영국	England	England

E e

☐ 111 **ear** 귀
ear

☐ 112 **eggplant** 가지
aunt

☐ 113 **exiting** 나간다
exiting

☐ 114 **eye** 눈
eye

☐ 115 **eyebrows** 눈썹
eyebrows

☐ 116 **eagle** 독수리
eagle

☐ 117 **egg** 달걀
egg

☐ 118 **entering** 들어간다
entering

☐ 119 **eating** 먹는다
eating

☐ 120 **England** 영국
England

필수핵심영단어 400 (알파벳)

121	영어	English	English
122	지구	earth	earth
123	저녁	evening	evening
124	코끼리	elephant	elephant
125	팔꿈치	elbow	elbow

F f

126	과일	fruit	fruit
127	개구리	frog	frog
128	가족	family	family
129	가을	fall	fall
130	꽃집	flower shop	flower shop

□ 121	**English** 영어
	English

□ 122	**earth** 지구
	earth

□ 123	**evening** 저녁
	evening

□ 124	**elephant** 코끼리
	elephant

□ 125	**elbow** 팔꿈치
	elbow

F f

□ 126	**fruit** 과일
	fruit

□ 127	**frog** 개구리
	frog

□ 128	**family** 가족
	family

□ 129	**fall** 가을
	fall

□ 130	**flower shop** 꽃집
	flower shop

필수핵심영단어 400 (알파벳순서)

영어로 써보고 연습하기

#	뜻	영어	연습
131	꽃	flower	flower
132	난다	flying	flying
133	농부	farmer	farmer
134	물고기	fish	fish
135	물개	fur seal	fur seal
136	발	foot	foot
137	손가락	fingers	fingers
138	소방차	fire engine	fire engine
139	얼굴	face	face
140	아빠	father	father

131. **flower** 꽃
flower

132. **flying** 난다
flying

133. **farmer** 농부
farmer

134. **fish** 물고기
fish

135. **fur seal** 물개
fur seal

136. **foot** 발
foot

137. **fingers** 손가락
fingers

138. **fire engine** 소방차
fire engine

139. **face** 얼굴
face

140. **father** 아빠
father

필수핵심영단어 400(알파벳순서)

영어를 써보고 연습하기

141	여우	fox	fox
142	친구	friend	friend
143	플루트	flute	flute
144	포크	fork	fork

G g

영어를 써보고 연습하기

145	기타	guitar	guitar
146	고릴라	gorilla	gorilla
147	기린	giraffe	giraffe
148	간다	going	going
149	녹색	green	green

| 141 | **fox** 여우 |
| fox |

| 142 | **friend** 친구 |
| friend |

| 143 | **flute** 플루트 |
| flute |

| 144 | **fork** 포크 |
| fork |

Gg

| 145 | **guitar** 기타 |
| guitar |

| 146 | **gorilla** 고릴라 |
| gorilla |

| 147 | **giraffe** 기린 |
| giraffe |

| 148 | **going** 간다 |
| going |

| 149 | **green** 녹색 |
| green |

필수핵심영단어 400(알파벳순서)

영어로 써보고 연습하기

☐ 150	녹색 풀밭	green grass	green grass
☐ 151	마늘	garlic	garlic
☐ 152	소녀	girl	girl
☐ 153	안경	glasses	glasses
☐ 154	인사한다	greeting	greeting
☐ 155	염소	goat	goat
☐ 156	정원	garden	garden
☐ 157	준다	giving	giving
☐ 158	자란다	growing	growing
☐ 159	풀밭	grass	grass

150. **green grass** 녹색 풀밭
green grass

151. **garlic** 마늘
garlic

152. **girl** 소녀
girl

153. **glasses** 안경
glasses

154. **greeting** 인사한다
greeting

155. **goat** 염소
goat

156. **garden** 정원
garden

157. **giving** 준다
giving

158. **growing** 자란다
growing

159. **grass** 풀밭
grass

필수핵심영단어 400(알파벳순서)

영어로 써보고 연습하기

160	포도	grapes	grapes
161	할아버지	grandfather	grandfather
162	할머니	grandmother	grandmother

H h

영어로 써보고 연습하기

163	고슴도치	hedgehog	hedgehog
164	손	hand	hand
165	듣는다	hearing	hearing
166	돕는다	helping	helping
167	머리카락	hair	hair
168	머리	head	head
169	말	horse	horse

160	**grapes** 포도
	grapes

161	**grandfather** 할아버지
	grandfather

162	**grandmother** 할머니
	grandmother

163	**hedgehog** 고슴도치　　Hh
	hedgehog

164	**hand** 손
	hand

165	**hearing** 듣는다
	hearing

166	**helping** 돕는다
	helping

167	**hair** 머리카락
	hair

168	**head** 머리
	head

169	**horse** 말
	horse

필수핵심영단어 400 (알파벳순서)

		영어로 써보고 연습하기
170 병원	**hospital**	hospital
171 손수건	**handkerchief**	handkerchief
172 엉덩이	**hip**	hip
173 집	**house**	house
174 헬리콥터	**helicopter**	helicopter
175 햄버거	**hamburger**	hamburger
176 호텔	**hotel**	hotel
177 하마	**hippopotamus**	hippopotamus

| 170 | **hospital** 병원 |

hospital

| 171 | **handkerchief** 손수건 |

handkerchief

| 172 | **hip** 엉덩이 |

hip

| 173 | **house** 집 |

house

| 174 | **helicopter** 헬리콥터 |

helicopter

| 175 | **hamburger** 햄버거 |

hamburger

| 176 | **hotel** 호텔 |

hotel

| 177 | **hippopotamus** 하마 |

hippopotamus

I i

178	다리미	**iron**
179	인호	**In-ho**
180	아이스크림	**ice cream**

J j

181	뛰어오른다	**jumping**
182	일본	**Japan**
183	주스	**juice**

I i

178 **iron** 다리미
iron

179 **In-ho** 인호
In-ho

180 **ice cream** 아이스크림
ice cream

J j

181 **jumping** 뛰어오른다
jumping

182 **Japan** 일본
Japan

183 **juice** 주스
juice

 필수핵심영단어 400(알파벳순서)

 # Kk

영어로 써보고 연습하기

184	무릎	knee	knee
185	부엌	kitchen	kitchen
186	열쇠	key	key
187	주전자	kettle	kettle
188	칼	knife	knife
189	캥거루	kangaroo	kangaroo
190	한국	Korea	Korea
191	한국인	Korean	Korean

K k

□ 184 **knee** 무릎
knee

□ 185 **kitchen** 부엌
kitchen

□ 186 **key** 열쇠
key

□ 187 **kettle** 주전자
kettle

□ 188 **knife** 칼
knife

□ 189 **kangaroo** 캥거루
kangaroo

□ 190 **Korea** 한국
Korea

□ 191 **Korean** 한국인
Korean

L l

192 거실	**living room**	living room
193 다리	**leg**	leg
194 램프	**lamp**	lamp
195 레몬	**lemon**	lemon
196 백합	**lily**	lily
197 배운다	**learning**	learning
198 본다	**looking**	looking
199 사자	**lion**	lion
200 웃는다	**laughing**	laughing
201 호수	**lake**	lake

Ll

- 192 **living room** 거실
  living room
- 193 **leg** 다리
  leg
- 194 **lamp** 램프
  lamp
- 195 **lemon** 레몬
  lemon
- 196 **lily** 백합
  lily
- 197 **learning** 배운다
  learning
- 198 **looking** 본다
  looking
- 199 **lion** 사자
  lion
- 200 **laughing** 웃는다
  laughing
- 201 **lake** 호수
  lake

필수핵심영단어 400(알파벳순서)

 # Mm

202	고기	meat	meat
203	달	moon	moon
204	만든다	making	making
205	산	mountain	mountain
206	엄마	mother	mother
207	우체부	mailman	mailman
208	입	mouth	mouth
209	아침	morning	morning
210	원숭이	monkey	monkey
211	오토바이	motorcycle	motorcycle

Mm

202 □ **meat** 고기
meat

203 □ **moon** 달
moon

204 □ **making** 만든다
making

205 □ **mountain** 산
mountain

206 □ **mother** 엄마
mother

207 □ **mailman** 우체부
mailman

208 □ **mouth** 입
mouth

209 □ **morning** 아침
morning

210 □ **monkey** 원숭이
monkey

211 □ **motorcycle** 오토바이
motorcycle

필수핵심영단어 400(알파벳순서)

☐ 212	우유	milk	milk
☐ 213	지도	map	map
☐ 214	쥐	mouse	mouse

Nn

☐ 215	간호사	nurse	nurse
☐ 216	목	neck	neck
☐ 217	밤	night	night
☐ 218	코	nose	nose

212 **milk** 우유
milk

213 **map** 지도
map

214 **mouse** 쥐
mouse

Nn

215 **nurse** 간호사
nurse

216 **neck** 목
neck

217 **night** 밤
night

218 **nose** 코
nose

필수핵심영단어 400 (알파벳순서)

Oo

219 귤	orange	orange
220 부엉이	owl	owl
221 양파	onion	onion
222 연다	opening	opening
223 주황색 주스	orange juice	orange juice
224 타조	ostrich	ostrich

Pp

225 경찰서	police station	police station
226 공원	park	park

Oo

219 **orange** 귤
orange

220 **owl** 부엉이
owl

221 **onion** 양파
onion

222 **opening** 연다
opening

223 **orange juice** 주황색 주스
orange juice

224 **ostrich** 타조
ostrich

Pp

225 **police station** 경찰서
police station

226 **park** 공원
park

필수핵심영단어 400 (알파벳순서)

영어로 써보고 연습하기

227	감자	**potato**	potato
228	경찰관	**police officer**	police officer
229	가리킨다	**pointing**	pointing
230	냄비	**pot**	pot
231	낙하산	**parachute**	parachute
232	논다	**playing**	playing
233	놓는다	**putting**	putting
234	돼지	**pig**	pig
235	부모	**parents**	parents
236	베게	**pillow**	pillow

| 227 | **potato** 감자 |
potato

| 228 | **police office** 경찰관 |
police office

| 229 | **pointing** 가리킨다 |
pointing

| 230 | **pot** 냄비 |
pot

| 231 | **parachute** 낙하산 |
parachute

| 232 | **playing** 논다 |
playing

| 233 | **putting** 놓는다 |
putting

| 234 | **pig** 돼지 |
pig

| 235 | **parents** 부모 |
parents

| 236 | **pillow** 베게 |
pillow

필수핵심영단어 400 (알파벳순서)

영어를 써보고 연습하기

237	바지	pants	pants
238	분홍색	pink	pink
239	분홍색 담요	pink blanket	pink blanket
240	배	pear	pear
241	복숭아	peach	peach
242	비둘기	pigeon	pigeon
243	운동장	playground	playground
244	연필	pencil	pencil
245	우체국	post office	post office
246	연못	pond	pond

237	**pants** 바지
	pants

238	**pink** 분홍색
	pink

239	**pink blanket** 분홍색 담요
	pink blanket

240	**pear** 배
	pear

241	**peach** 복숭아
	peach

242	**pigeon** 비둘기
	pigeon

243	**playground** 운동장
	playground

244	**pencil** 연필
	pencil

245	**post office** 우체국
	post office

246	**pond** 연못
	pond

필수핵심영단어 400 (알파벳순서)

영어로 써보고 연습하기

247	잠옷	**pajamas**	pajamas
248	탁구	**ping pong**	ping pong
249	칠한다	**painting**	painting
250	파인애플	**pineapple**	pineapple
251	팬더	**panda**	panda
252	펭귄	**penguin**	penguin
253	팬지	**pansy**	pansy
254	피아노	**piano**	piano

| 247 | **pajamas** 잠옷 |
pajamas

| 248 | **ping pong** 탁구 |
ping pong

| 249 | **painting** 칠한다 |
painting

| 250 | **pineapple** 파인애플 |
pineapple

| 251 | **panda** 팬더 |
panda

| 252 | **penguin** 펭귄 |
penguin

| 253 | **pansy** 팬지 |
pansy

| 254 | **piano** 피아노 |
piano

 필수핵심영단어 400(알파벳순서)

Rr

	한글	영어	연습
255	강	river	river
256	고추	red pepper	red pepper
257	냉장고	refrigerator	refrigerator
258	너구리	raccoon dog	raccoon dog
259	달린다	running	running
260	라디오	radio	radio
261	무우	radish	radish
262	비	rain	rain
263	바위	rock	rock
264	수탉	rooster	rooster

Rr

255. **river** 강
river

256. **red pepper** 고추
red pepper

257. **refrigerator** 냉장고
refrigerator

258. **raccoon dog** 너구리
raccoon dog

259. **running** 달린다
running

260. **radio** 라디오
radio

261. **radish** 무우
radish

262. **rain** 비
rain

263. **rock** 바위
rock

264. **rooster** 수탉
rooster

필수핵심영단어 400 (알파벳순서)

		영어로 써보고 연습하기
265 읽는다	**reading**	reading
266 장미	**rose**	rose
267 코뿔소	**rhinoceros**	rhinoceros
268 토끼	**rabbit**	rabbit
269 빨간	**red**	red
270 빨간사과	**red apple**	red apple

S s

		영어로 써보고 연습하기
271 가수	**singer**	singer
272 군인	**soldier**	soldier
273 누나/언니	**sister**	sister
274 구두	**shoes**	shoes

265	**reading** 읽는다

reading

266	**rose** 장미

rose

267	**rhinoceros** 코뿔소

rhinoceros

268	**rabbit** 토끼

rabbit

269	**red** 빨간

red

270	**red apple** 빨간사과

red apple

S s

271	**singer** 가수

singer

272	**soldier** 군인

soldier

273	**sister** 누나/언니

sister

274	**shoes** 구두

shoes

필수핵심영단어 400 (알파벳순서)

#	뜻	영어	연습
275	과학자	scientist	scientist
276	고구마	sweet potato	sweet potato
277	그네	swings	swings
278	가위	scissors	scissors
279	공부한다	studying	studying
280	거미	spider	spider
281	난로	stove	stove
282	눈	snow	snow
283	노래한다	singing	singing
284	다람쥐	squirrel	squirrel

☐ 275	**scientist**	과학자

scientist

☐ 276	**sweet potato**	고구마

sweet potato

☐ 277	**swings**	그네

swings

☐ 278	**scissors**	가위

scissors

☐ 279	**studying**	공부한다

studying

☐ 280	**spider**	거미

spider

☐ 281	**stove**	난로

stove

☐ 282	**snow**	눈

snow

☐ 283	**singing**	노래한다

singing

☐ 284	**squirrel**	다람쥐

squirrel

필수핵심영단어 400 (알파벳순서)

영어로 써보고 연습하기

#	뜻	영어	연습
285	둔다	setting	setting
286	딸기	strawberry	strawberry
287	멈춘다	stopping	stopping
288	비누	soap	soap
289	바다	sea	sea
290	별	star	star
291	봄	spring	spring
292	배	ship	ship
293	뱀	snake	snake
294	소파	sofa	sofa

285	**setting** 둔다
	setting

286	**strawberry** 딸기
	strawberry

287	**stopping** 멈춘다
	stopping

288	**soap** 비누
	soap

289	**sea** 바다
	sea

290	**star** 별
	star

291	**spring** 봄
	spring

292	**ship** 배
	ship

293	**snake** 뱀
	snake

294	**sofa** 소파
	sofa

필수핵심영단어 400 (알파벳순서)

#	뜻	영어	연습
295	셔츠	shirt	shirt
296	숟가락	spoon	spoon
297	수영장	swimming pool	swimming pool
298	슈퍼마켓	supermarket	supermarket
299	스키	ski	ski
300	스케이트	skate	skate
301	소금	salt	salt
302	설탕	sugar	sugar
303	선다	standing	standing
304	여름	summer	summer

295	**shirt** 셔츠
	shirt

296	**spoon** 숟가락
	spoon

297	**swimming pool** 수영장
	swimming pool

298	**supermarket** 슈퍼마켓
	supermarket

299	**ski** 스키
	ski

300	**skate** 스케이트
	skate

301	**salt** 소금
	salt

302	**sugar** 설탕
	sugar

303	**standing** 선다
	standing

304	**summer** 여름
	summer

필수핵심영단어 400 (알파벳순서)

305	양말	**socks**	socks
306	아들	**son**	son
307	어깨	**shoulder**	shoulder
308	양	**sheep**	sheep
309	외친다	**shouting**	shouting
310	앉는다	**sitting**	sitting
311	이야기한다	**speaking**	speaking
312	전축	**stereo system**	stereo system
313	잠잔다	**sleeping**	sleeping
314	제비	**swallow**	swallow

305	**socks** 양말

socks

306	**son** 아들

son

307	**shoulder** 어깨

shoulder

308	**sheep** 양

sheep

309	**shouting** 외친다

shouting

310	**sitting** 앉는다

sitting

311	**speaking** 이야기한다

speaking

312	**stereo system** 전축

stereo system

313	**sleeping** 잠잔다

sleeping

314	**swallow** 제비

swallow

필수핵심영단어 400 (알파벳순서)

		영어로 써보고 연습하기
315 참새	**sparrow**	sparrow
316 축구	**soccer**	soccer
317 출발한다	**starting**	starting
318 판다	**selling**	selling
319 헤엄친다	**swimming**	swimming
320 해바라기	**sunflower**	sunflower
321 학생	**student**	student
322 학교	**school**	school
323 하늘	**sky**	sky
324 해	**sun**	sun

| 315 | **sparrow** 참새 |
sparrow

| 316 | **soccer** 축구 |
soccer

| 317 | **starting** 출발한다 |
starting

| 318 | **selling** 판다 |
selling

| 319 | **swimming** 헤엄친다 |
swimming

| 320 | **sunflower** 해바라기 |
sunflower

| 321 | **student** 학생 |
student

| 322 | **school** 학교 |
school

| 323 | **sky** 하늘 |
sky

| 324 | **sun** 해 |
sun

필수핵심영단어 400 (알파벳순서)

T t

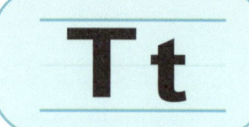

영어로 써보고 연습하기

325	기차	train	train
326	거북	turtle	turtle
327	가르친다	teaching	teaching
328	공중전화	telephone booth	telephone booth
329	나무	tree	tree
330	던진다	throwing	throwing
331	만진다	touching	touching
332	말한다	talking	talking
333	발가락	toes	toes
334	변기	toilet	toilet

Tt

325. **train** 기차
train

326. **turtle** 거북
turtle

327. **teaching** 가르친다
teaching

328. **telephone booth** 공중전화
telephone booth

329. **tree** 나무
tree

330. **throwing** 던진다
throwing

331. **touching** 만진다
touching

332. **talking** 말한다
talking

333. **toes** 발가락
toes

334. **toilet** 변기
toilet

필수핵심영단어 400 (알파벳순서)

335	선생님	**teacher**	teacher
336	세발자전거	**tricycle**	tricycle
337	식탁	**table**	table
338	엄지손가락	**thumb**	thumb
339	이	**teeth**	teeth
340	지하철	**subway**	subway
341	정구	**tennis**	tennis
342	전화기	**telephone**	telephone
343	잡는다	**taking**	taking
344	칫솔	**toothbrush**	toothbrush

335 **teacher** 선생님
teacher

336 **tricycle** 세발자전거
tricycle

337 **table** 식탁
table

338 **thumb** 엄지손가락
thumb

339 **teeth** 이
teeth

340 **subway** 지하철
subway

341 **tennis** 정구
tennis

342 **telephone** 전화기
telephone

343 **taking** 잡는다
taking

344 **toothbrush** 칫솔
toothbrush

필수핵심영단어 400 (알파벳순서)

영어를 써보고 연습하기

345	트럭	truck	truck
346	택시	taxi	taxi
347	텔레비전	television	television
348	토마토	tomato	tomato
349	튤립	tulip	tulip
350	호랑이	tiger	tiger
351	혀	tongue	tongue

Uu

영어를 써보고 연습하기

| 352 | 아저씨 | uncle | uncle |
| 353 | 우산 | umbrella | umbrella |

345	**truck** 트럭
	truck

346	**taxi** 택시
	taxi

347	**television** 텔레비전
	television

348	**tomato** 토마토
	tomato

349	**tulip** 튤립
	tulip

350	**tiger** 호랑이
	tiger

351	**tongue** 혀
	tongue

Uu

352	**uncle** 아저씨
	uncle

353	**umbrella** 우산
	umbrella

필수핵심영단어 400(알파벳순서)

V v

354	바이올린	violin	violin
355	배구	volleyball	volleyball
356	보라색	violet	violet
357	보라색 포도	violet grapes	violet grapes
358	채소	vegetable	vegetable
359	청소기	vacuum cleaner	vacuum cleaner

W w

360	겨울	winter	winter
361	고래	whale	whale
362	걷는다	walking	walking

V v

354. **violin** 바이올린
violin

355. **volleyball** 배구
volleyball

356. **violet** 보라색
violet

357. **violet grapes** 보라색 포도
violet grapes

358. **vegetable** 채소
vegetable

359. **vacuum cleaner** 청소기
vacuum cleaner

W w

360. **winter** 겨울
winter

361. **whale** 고래
whale

362. **walking** 걷는다
walking

필수핵심영단어 400 (알파벳순서)

#	뜻	영어	연습
363	물	water	water
364	벽	wall	wall
365	세탁기	washing machine	washing machine
366	수박	watermelon	watermelon
367	쓴다	writing	writing
368	씻는다	washing	washing
369	원한다	wanting	wanting
370	입는다	wearing	wearing
371	일한다	working	working
372	창문	window	window

363	**water** 물
	water

364	**wall** 벽
	wall

365	**washing machine** 세탁기
	washing machine

366	**watermelon** 수박
	watermelon

367	**writing** 쓴다
	writing

368	**washing** 씻는다
	washing

369	**wanting** 원한다
	wanting

370	**wearing** 입는다
	wearing

371	**working** 일한다
	working

372	**window** 창문
	window

필수핵심영단어 400 (알파벳순서)

		영어로 써보고 연습하기
373 폭포	waterfall	waterfall
374 흰	white	white
375 흰색 냉장고	white refrigerator	white refrigerator

Yy

		영어로 써보고 연습하기
376 노란	yellow	yellow
377 노란 바나나	yellow banana	yellow banana

Zz

		영어로 써보고 연습하기
378 동물원	zoo	zoo

373 **waterfall** 폭포
waterfall

374 **white** 흰
white

375 **white refrigerator** 흰색 냉장고
white refrigerator

Y y

376 **yellow** 노란
yellow

377 **yellow banana** 노란 바나나
yellow banana

Z z

378 **zoo** 동물원
zoo

필수핵심
영단어
400

상황별 순서
따라쓰기

날짜	학습목표	학습시간	평가

1. 우리의 가족들은 영어로 어떻게 부를까요?

영어로 써보고 연습하기

001 엄마	mother	mother
002 아빠	father	father
003 인호	In-ho	In-ho
004 아기	baby	baby
005 아이	child	child
006 누나/언니	sister	sister
007 형/오빠	brother	brother
008 할아버지	grandfather	grandfather
009 할머니	grandmother	grandmother
010 아저씨	uncle	uncle

1. 우리의 가족들은 영어로 어떻게 부를까요?

- [ ] 001 **mother** 엄마
  mother

- [ ] 002 **father** 아빠
  father

- [ ] 003 **In-ho** 인호
  In-ho

- [ ] 004 **baby** 아기
  baby

- [ ] 005 **child** 아이
  child

- [ ] 006 **sister** 누나/언니
  sister

- [ ] 007 **brother** 형/오빠
  brother

- [ ] 008 **grandfather** 할아버지
  grandfather

- [ ] 009 **grandmother** 할머니
  grandmother

- [ ] 010 **uncle** 아저씨
  uncle

필수핵심영단어 400 (상황별 순서)

☐ 011	아주머니	aunt	aunt
☐ 012	가족	family	family
☐ 013	부모	parents	parents
☐ 014	아들	son	son
☐ 015	딸	daughter	daughter
☐ 016	친구	friend	friend
☐ 017	소년	boy	boy
☐ 018	소녀	girl	girl

☐ 011 **aunt** 아주머니
aunt

☐ 012 **family** 가족
family

☐ 013 **parents** 부모
parents

☐ 014 **son** 아들
son

☐ 015 **daughter** 딸
daughter

☐ 016 **friend** 친구
friend

☐ 017 **boy** 소년
boy

☐ 018 **girl** 소녀
girl

필수핵심영단어 400 (상황별 순서)

2. 우리는 자라서 무엇이 될까요?

영어로 써보고 연습하기

019	선생님	teacher
020	학생	student
021	의사	doctor
022	간호사	nurse
023	과학자	scientist
024	경찰관	police officer
025	군인	soldier
026	농부	farmer
027	우체부	mailman
028	가수	singer

영어로 써보고 연습하기

2. 우리는 자라서 무엇이 될까요?

- [ ] 019 **teacher** 선생님
  teacher

- [ ] 020 **student** 학생
  student

- [ ] 021 **doctor** 의사
  doctor

- [ ] 022 **nurse** 간호사
  nurse

- [ ] 023 **scientist** 과학자
  scientist

- [ ] 024 **police officer** 경찰관
  police officer

- [ ] 025 **soldier** 군인
  soldier

- [ ] 026 **farmer** 농부
  farmer

- [ ] 027 **mailman** 우체부
  mailman

- [ ] 028 **singer** 가수
  singer

필수핵심영단어 400 (상황별 순서)

영어로 써보고 연습하기

029 운전사	driver	driver
030 이발사	barber	barber

3. 내몸의 각 부분을 영어로는 어떻게 말할까요?

영어로 써보고 연습하기

031 손	hand	hand
032 발	foot	foot
033 눈	eye	eye
034 코	nose	nose
035 입	mouth	mouth
036 귀	ear	ear

☐ 029 **driver** 운전사
driver

☐ 030 **barber** 이발사
barber

3. 내몸의 각부분을 영어로는 어떻게 말할까요?

☐ 031 **hand** 손
hand

☐ 032 **foot** 발
foot

☐ 033 **eye** 눈
eye

☐ 034 **nose** 코
nose

☐ 035 **mouth** 입
mouth

☐ 036 **ear** 귀
ear

필수핵심영단어 400(상황별 순서)

037	눈썹	**eyebrows**	eyebrows
038	혀	**tongue**	tongue
039	이	**teeth**	teeth
040	얼굴	**face**	face
041	머리	**head**	head
042	머리카락	**hair**	hair
043	목	**neck**	neck
044	가슴	**breast**	breast
045	배꼽	**bellybutton**	bellybutton
046	등	**back**	back

037 eyebrows 눈썹
eyebrows

038 tongue 혀
tongue

039 teeth 이
teeth

040 face 얼굴
face

041 head 머리
head

042 hair 머리카락
hair

043 neck 목
neck

044 breast 가슴
breast

045 bellybutton 배꼽
bellybutton

046 back 등
back

필수핵심영단어 400 (상황별 순서)

영어로 써보고 연습하기

047	어깨	shoulder	shoulder
048	팔	arm	arm
049	팔꿈치	elbow	elbow
050	다리	leg	leg
051	엉덩이	hip	hip
052	무릎	knee	knee
053	손가락	fingers	fingers
054	엄지손가락	thumb	thumb
055	발가락	toes	toes

047 shoulder 어깨
shoulder

048 arm 팔
arm

049 elbow 팔꿈치
elbow

050 leg 다리
leg

051 hip 엉덩이
hip

052 knee 무릎
knee

053 fingers 손가락
fingers

054 thumb 엄지손가락
thumb

055 toes 발가락
toes

4. 우리 집안은 어떤 물건들이 있는지 한번 알아볼까요?

영어로 써보고 연습하기

056	거실	living room	living room
057	소파	sofa	sofa
058	부엌	kitchen	kitchen
059	식탁	table	table
060	욕실	bathroom	bathroom
061	욕조	bathtub	bathtub
062	비누	soap	soap
063	변기	toilet	toilet
064	벽	wall	wall
065	문	door	door

☐ 056	**living room** 거실	4. 우리 집안은 어떤 물건들이 있는지 한번 알아볼까요?

living room

☐ 057 **sofa** 소파

sofa

☐ 058 **kitchen** 부엌

kitchen

☐ 059 **table** 식탁

table

☐ 060 **bathroom** 욕실

bathroom

☐ 061 **bathtub** 욕조

bathtub

☐ 062 **soap** 비누

soap

☐ 063 **toilet** 변기

toilet

☐ 064 **wall** 벽

wall

☐ 065 **door** 문

door

필수핵심영단어 400 (상황별 순서)

066	창문	**window**	window
067	커튼	**curtain**	curtain
068	책상	**desk**	desk
069	의자	**chair**	chair
070	침대	**bed**	bed
071	전화기	**telephone**	telephone
072	시계	**clock**	clock
073	지도	**map**	map
074	램프	**lamp**	lamp
075	열쇠	**key**	key

066 window 창문
window

067 curtain 커튼
curtain

068 desk 책상
desk

069 chair 의자
chair

070 bed 침대
bed

071 telephone 전화기
telephone

072 clock 시계
clock

073 map 지도
map

074 lamp 램프
lamp

075 key 열쇠
key

필수핵심영단어 400 (상황별 순서)

076	사진기	**camera**
077	컴퓨터	**computer**
078	텔레비전	**television**
079	라디오	**radio**
080	전축	**stereo system**
081	비디오카메라	**camcorder**
082	피아노	**piano**
083	바이올린	**violin**
084	기타	**guitar**
085	플루트	**flute**

076	**camera** 사진기
	camera

077	**computer** 컴퓨터
	computer

078	**television** 텔레비전
	television

079	**radio** 라디오
	radio

080	**stereo system** 전축
	stereo system

081	**camcorder** 비디오카메라
	camcorder

082	**piano** 피아노
	piano

083	**violin** 바이올린
	violin

084	**guitar** 기타
	guitar

085	**flute** 플루트
	flute

필수핵심영단어 400 (상황별 순서)

영어로 써보고 연습하기

086 냉장고	refrigerator	refrigerator
087 세탁기	washing machine	washing machine
088 난로	stove	stove
089 다리미	iron	iron
090 청소기	vacuum cleaner	vacuum cleaner

5. 내가 가지고 있는 물건들은 영어로 뭐라고 할까요?

영어로 써보고 연습하기

091 담요	blanket	blanket
092 베게	pillow	pillow
093 양말	socks	socks

영어로 써보고 연습하기

☐ 086 **refrigerator** 냉장고
refrigerator

☐ 087 **washing machine** 세탁기
washing machine

☐ 088 **stove** 난로
stove

☐ 089 **iron** 다리미
iron

☐ 090 **vacuum cleaner** 청소기
vacuum cleaner

5. 내가 가지고 있는 물건들은 영어로 뭐라고 할까요?

☐ 091 **blanket** 담요
blanket

☐ 092 **pillow** 베게
pillow

☐ 093 **socks** 양말
socks

필수핵심영단어 400 (상황별 순서)

영어로 써보고 연습하기

☐ 094	셔츠	**shirt**	shirt
☐ 095	바지	**pants**	pants
☐ 096	잠옷	**pajamas**	pajamas
☐ 097	칫솔	**toothbrush**	toothbrush
☐ 098	컵	**cup**	cup
☐ 099	병	**bottle**	bottle
☐ 100	숟가락	**spoon**	spoon
☐ 101	포크	**fork**	fork
☐ 102	손수건	**handkerchief**	handkerchief
☐ 103	모자	**cap**	cap

| 094 | **shirt** 셔츠 |
shirt

| 095 | **pants** 바지 |
pants

| 096 | **pajamas** 잠옷 |
pajamas

| 097 | **toothbrush** 칫솔 |
toothbrush

| 098 | **cup** 컵 |
cup

| 099 | **bottle** 병 |
bottle

| 100 | **spoon** 숟가락 |
spoon

| 101 | **fork** 포크 |
fork

| 102 | **handkerchief** 손수건 |
handkerchief

| 103 | **cap** 모자 |
cap

필수핵심영단어 400 (상황별 순서)

영어로 써보고 연습하기

☐ 104	안경	**glasses**	glasses
☐ 105	구두	**shoes**	shoes
☐ 106	가방	**bag**	bag
☐ 107	우산	**umbrella**	umbrella
☐ 108	공	**ball**	ball
☐ 109	블록	**blocks**	blocks
☐ 110	책	**book**	book
☐ 111	연필	**pencil**	pencil
☐ 112	크레용	**crayon**	crayon
☐ 113	가위	**scissors**	scissors

| 104 | **glasses** 안경 |
| glasses |

| 105 | **shoes** 구두 |
| shoes |

| 106 | **bag** 가방 |
| bag |

| 107 | **umbrella** 우산 |
| umbrella |

| 108 | **ball** 공 |
| ball |

| 109 | **blocks** 블록 |
| blocks |

| 110 | **book** 책 |
| book |

| 111 | **pencil** 연필 |
| pencil |

| 112 | **crayon** 크레용 |
| crayon |

| 113 | **scissors** 가위 |
| scissors |

필수핵심영단어 400 (상황별 순서)

영어로 써보고 연습하기

114	인형	**doll**	doll
115	세발자전거	**tricycle**	tricycle

6. 우리집 주위에는 어떤 건물들이 있을까요?

영어로 써보고 연습하기

116	시골	**country**	country
117	도시	**city**	city
118	집	**house**	house
119	아파트	**apartment**	apartment
120	호텔	**hotel**	hotel
121	학교	**school**	school

☐ 114 **doll** 인형
doll

☐ 115 **tricycle** 세발자전거
tricycle

6. 우리집 주위에는 어떤 건물들이 있을까요?

☐ 116 **country** 시골
country

☐ 117 **city** 도시
city

☐ 118 **house** 집
house

☐ 119 **apartment** 아파트
apartment

☐ 120 **hotel** 호텔
hotel

☐ 121 **school** 학교
school

필수핵심영단어 400 (상황별 순서)

영어로 써보고 연습하기

#	한글	영어	연습
122	병원	hospital	hospital
123	약국	drug store	drug store
124	우체국	post office	post office
125	백화점	department store	department store
126	서점	book store	book store
127	은행	bank	bank
128	공항	airport	airport
129	경찰서	police station	police station
130	동물원	zoo	zoo
131	운동장	playground	playground

영어로 써보고 연습하기

- [ ] 122 **hospital** 병원
  hospital

- [ ] 123 **drug store** 약국
  drug store

- [ ] 124 **post office** 우체국
  post office

- [ ] 125 **department store** 백화점
  department store

- [ ] 126 **book store** 서점
  book store

- [ ] 127 **bank** 은행
  bank

- [ ] 128 **airport** 공항
  airport

- [ ] 129 **police station** 경찰서
  police station

- [ ] 130 **zoo** 동물원
  zoo

- [ ] 131 **playground** 운동장
  playground

필수핵심영단어 400 (상황별 순서)

132 수영장	**swimming pool**	swimming pool
133 슈퍼마켓	**supermarket**	supermarket
134 이발소	**barber shop**	barber shop
135 꽃집	**flower shop**	flower shop
136 공중전화	**telephone booth**	telephone booth
137 버스정류장	**bus stop**	bus stop
138 정원	**garden**	garden
139 그네	**swings**	swings
140 벤치	**bench**	bench
141 공원	**park**	park

영어로 써보고 연습하기

- [ ] 132 **swimming pool** 수영장
  swimming pool

- [ ] 133 **supermarket** 슈퍼마켓
  supermarket

- [ ] 134 **barber shop** 이발소
  barber shop

- [ ] 135 **flower shop** 꽃집
  flower shop

- [ ] 136 **telephone booth** 공중전화
  telephone booth

- [ ] 137 **bus stop** 버스정류장
  bus stop

- [ ] 138 **garden** 정원
  garden

- [ ] 139 **swings** 그네
  swings

- [ ] 140 **bench** 벤치
  bench

- [ ] 141 **park** 공원
  park

필수핵심영단어 400(상황별 순서)

7. 날씨와 사계절 영어로 한번 알아볼까요?

영어로 써보고 연습하기

142	풀밭	grass	grass
143	연못	pond	pond
144	폭포	waterfall	waterfall
145	호수	lake	lake
146	강	river	river
147	바다	sea	sea
148	산	mountain	mountain
149	바위	rock	rock
150	나무	tree	tree
151	하늘	sky	sky

영어로 써보고 연습하기

- [ ] 142 **grass** 풀밭
  grass

- [ ] 143 **pond** 연못
  pond

- [ ] 144 **waterfall** 폭포
  waterfall

- [ ] 145 **lake** 호수
  lake

- [ ] 146 **river** 강
  river

- [ ] 147 **sea** 바다
  sea

- [ ] 148 **mountain** 산
  mountain

- [ ] 149 **rock** 바위
  rock

- [ ] 150 **tree** 나무
  tree

- [ ] 151 **sky** 하늘
  sky

필수핵심영단어 400 (상황별 순서)

영어로 써보고 연습하기

152	해	sun	sun
153	지구	earth	earth
154	달	moon	moon
155	별	star	star
156	눈	snow	snow
157	비	rain	rain
158	봄	spring	spring
159	여름	summer	summer
160	가을	fall	fall
161	겨울	winter	winter

021 sun 해
sun

022 earth 지구
earth

023 moon 달
moon

024 star 별
star

025 snow 눈
snow

026 rain 비
rain

027 spring 봄
spring

028 summer 여름
summer

029 fall 가을
fall

161 winter 겨울
winter

필수핵심영단어 400 (상황별 순서)

영어로 써보고 연습하기

162	아침	**morning** morning
163	오후	**afternoon** afternoon
164	저녁	**evening** evening
165	밤	**night** night

8. 우리가 타고 다니는 교통수단에는 어떤 것들이 있을까요?

영어로 써보고 연습하기

166	비행기	**airplane** airplane
167	헬리콥터	**helicopter** helicopter
168	낙하산	**parachute** parachute
169	기차	**train** train
170	지하철	**subway** subway
171	자동차	**car** car

영어로 써보고 연습하기

- [ ] 162 **morning** 아침
  morning

- [ ] 163 **afternoon** 오후
  afternoon

- [ ] 164 **evening** 저녁
  evening

- [ ] 165 **night** 밤
  night

- [ ] 166 **airplane** 비행기

  8. 우리가 타고 다니는 교통수단에는 어떤 것들이 있을까요?

  airplane

- [ ] 167 **helicopter** 헬리콥터
  helicopter

- [ ] 168 **parachute** 낙하산
  parachute

- [ ] 169 **train** 기차
  train

- [ ] 170 **subway** 지하철
  subway

- [ ] 171 **car** 자동차
  car

필수핵심영단어 400 (상황별 순서)

영어로 써보고 연습하기

#	한글	영어	연습
172	버스	bus	bus
173	트럭	truck	truck
174	택시	taxi	taxi
175	구급차	ambulance	ambulance
176	소방차	fire engine	fire engine
177	오토바이	motorcycle	motorcycle
178	자전거	bicycle	bicycle

9. 어떤 운동 경기를 좋아하세요?

영어로 써보고 연습하기

#	한글	영어	연습
179	배	boat	boat
180	축구	soccer	soccer

☐ 172 **bus** 버스
bus

☐ 173 **truck** 트럭
truck

☐ 174 **taxi** 택시
taxi

☐ 175 **ambulance** 구급차
ambulance

☐ 176 **fire engine** 소방차
fire engine

☐ 177 **motorcycle** 오토바이
motorcycle

☐ 178 **bicycle** 자전거
bicycle

9. 어떤 운동 경기를 좋아하세요?

☐ 179 **boat** 배
boat

☐ 180 **soccer** 축구
soccer

필수핵심영단어 400(상황별 순서)

영어로 써보고 연습하기

☐ 181	배구	volleyball	volleyball
☐ 182	농구	basketball	basketball
☐ 183	야구	baseball	baseball
☐ 184	정구	tennis	tennis
☐ 185	탁구	ping pong	ping pong
☐ 186	스키	ski	ski
☐ 187	스케이트	skate	skate

10. 각 나라를 영어로 말해봅시다

영어로 써보고 연습하기

☐ 188	한국	Korea	Korea
☐ 189	한국인	Korean	Korean

☐ 181	**volleyball**	배구

volleyball

☐ 182	**basketball**	농구

basketball

☐ 183	**baseball**	야구

baseball

☐ 184	**tennis**	정구

tennis

☐ 185	**ping pong**	탁구

ping pong

☐ 186	**ski**	스키

ski

☐ 187	**skate**	스케이트

skate

10. 각 나라를 영어로 말해봅시다

☐ 188	**Korea**	한국

Korea

☐ 189	**Korean**	한국인

Korean

필수핵심영단어 400(상황별 순서)

영어로 써보고 연습하기

190	중국	China — China
191	일본	Japan — Japan
192	미국	America — America
193	미국인	American — American
194	영국	England — England
195	영어	English — English

11. 부엌에는 어떤 음식물과 주방기기들이 있을까요?

영어로 써보고 연습하기

196	냄비	pot — pot
197	주전자	kettle — kettle
198	커피포트	coffee pot — coffee pot

190. China 중국
China

191. Japan 일본
Japan

192. America 미국
America

193. American 미국인
American

194. England 영국
England

195. English 영어
English

11. 부엌에는 어떤 음식물과 주방기기들이 있을까요?

196. pot 냄비
pot

197. kettle 주전자
kettle

198. coffee pot 커피포트
coffee pot

필수핵심영단어 400 (상황별 순서)

영어로 써보고 연습하기

199	접시	dish	dish
200	칼	knife	knife
201	빵	bread	bread
202	케이크	cake	cake
203	햄버거	hamburger	hamburger
204	물	water	water
205	소금	salt	salt
206	설탕	sugar	sugar
207	커피	coffee	coffee
208	주스	juice	juice

199	**dish** 접시
	dish

200	**knife** 칼
	knife

201	**bread** 빵
	bread

202	**cake** 케이크
	cake

203	**hamburger** 햄버거
	hamburger

204	**water** 물
	water

205	**salt** 소금
	salt

206	**sugar** 설탕
	sugar

207	**coffee** 커피
	coffee

208	**juice** 주스
	juice

필수핵심영단어 400 (상황별 순서)

영어로 써보고 연습하기

☐ 209	우유	milk	milk
☐ 210	버터	butter	butter
☐ 211	치즈	cheese	cheese
☐ 212	아이스크림	ice cream	ice cream
☐ 213	초콜릿	chocolate	chocolate
☐ 214	달걀	egg	egg
☐ 215	고기	meat	meat
☐ 216	물고기	fish	fish

- [ ] 209 **milk** 우유
  milk

- [ ] 210 **butter** 버터
  butter

- [ ] 211 **cheese** 치즈
  cheese

- [ ] 212 **ice cream** 아이스크림
  ice cream

- [ ] 213 **chocolat** 초콜릿
  chocolat

- [ ] 214 **egg** 달걀
  egg

- [ ] 215 **meat** 고기
  meat

- [ ] 216 **fish** 물고기
  fish

필수핵심영단어 400 (상황별 순서)

12. 좋아하는 과일 이름들을 말해볼까요?

		영어로 써보고 연습하기
217 채소	vegetable	vegetable
218 과일	fruit	fruit
219 사과	apple	apple
220 배	pear	pear
221 복숭아	peach	peach
222 바나나	banana	banana
223 파인애플	pineapple	pineapple
224 토마토	tomato	tomato
225 수박	watermelon	watermelon
226 포도	grapes	grapes

217	**vegetable** 채소
	vegetable

218	**fruit** 과일
	fruit

219	**apple** 사과
	apple

220	**pear** 배
	pear

221	**peach** 복숭아
	peach

222	**banana** 바나나
	banana

223	**pineapple** 파인애플
	pineapple

224	**tomato** 토마토
	tomato

225	**watermelon** 수박
	watermelon

226	**grapes** 포도
	grapes

필수핵심영단어 400 (상황별 순서)

✏️ 영어로 써보고 연습하기

☐ 227	딸기	**strawberry**	strawberry
☐ 228	귤	**orange**	orange
☐ 229	레몬	**lemon**	lemon

13. 채소에는 어떤 것들이 있는지 알아봅시다

✏️ 영어로 써보고 연습하기

☐ 230	양배추	**cabbage**	cabbage
☐ 231	무우	**radish**	radish
☐ 232	오이	**cucumber**	cucumber
☐ 233	당근	**carrot**	carrot
☐ 234	가지	**eggplant**	eggplant
☐ 235	고추	**red pepper**	red pepper

227 strawberry 딸기
strawberry

228 orange 귤
orange

229 lemon 레몬
lemon

13. 채소에는 어떤 것들이 있는지 알아봅시다

230 cabbage 양배추
cabbage

231 radish 무우
radish

232 cucumber 오이
cucumber

233 carrot 당근
carrot

234 eggplant 가지
eggplant

235 red pepper 고추
red pepper

필수핵심영단어 400(상황별 순서)

영어로 써보고 연습하기

☐ 236 마늘	garlic	garlic
☐ 237 양파	onion	onion
☐ 238 감자	potato	potato
☐ 239 고구마	sweet potato	sweet potato
☐ 240 옥수수	corn	corn

14. 동물원에는 어떤 동물들이 있을까요?

영어로 써보고 연습하기

☐ 241 동물	animal	animal
☐ 242 나비	butterfly	butterfly
☐ 243 잠자리	dragonfly	dragonfly
☐ 244 꿀벌	bee	bee

236	**garlic** 마늘
	garlic

237	**onion** 양파
	onion

238	**potato** 감자
	potato

239	**sweet potato** 고구마
	sweet potato

240	**corn** 옥수수
	corn

241	**animal** 동물
	animal

14. 동물원에는 어떤 동물들이 있을까요?

242	**butterfly** 나비
	butterfly

243	**dragonfly** 잠자리
	dragonfly

244	**bee** 꿀벌
	bee

필수핵심영단어 400 (상황별 순서)

245	개미	ant	ant
246	거미	spider	spider
247	새	bird	bird
248	비둘기	pigeon	pigeon
249	제비	swallow	swallow
250	참새	sparrow	sparrow
251	독수리	eagle	eagle
252	수탉	rooster	rooster
253	오리	duck	duck
254	부엉이	owl	owl

245 **ant** 개미
ant

246 **spider** 거미
spider

247 **bird** 새
bird

248 **pigeon** 비둘기
pigeon

249 **swallow** 제비
swallow

250 **sparrow** 참새
sparrow

251 **eagle** 독수리
eagle

252 **rooster** 수탉
rooster

253 **duck** 오리
duck

254 **owl** 부엉이
owl

필수핵심영단어 400 (상황별 순서)

영어를 써보고 연습하기

☐ 255	까마귀	crow	crow
☐ 256	박쥐	bat	bat
☐ 257	개	dog	dog
☐ 258	고양이	cat	cat
☐ 259	암소	cow	cow
☐ 260	말	horse	horse
☐ 261	돼지	pig	pig
☐ 262	양	sheep	sheep
☐ 263	염소	goat	goat
☐ 264	사슴	deer	deer

255	**crow** 까마귀
	crow

256	**bat** 박쥐
	bat

257	**dog** 개
	dog

258	**cat** 고양이
	cat

259	**cow** 암소
	cow

260	**horse** 말
	horse

261	**pig** 돼지
	pig

262	**sheep** 양
	sheep

263	**goat** 염소
	goat

264	**deer** 사슴
	deer

필수핵심영단어 400 (상황별 순서)

영어를 써보고 연습하기

번호	뜻	영어	연습
265	너구리	raccoon dog	raccoon dog
266	여우	fox	fox
267	쥐	mouse	mouse
268	다람쥐	squirrel	squirrel
269	고슴도치	hedgehog	hedgehog
270	토끼	rabbit	rabbit
271	곰	bear	bear
272	팬더	panda	panda
273	원숭이	monkey	monkey
274	고릴라	gorilla	gorilla

☐ 265	**raccoon dog**	너구리
	raccoon dog	
☐ 266	**fox**	여우
	fox	
☐ 267	**mouse**	쥐
	mouse	
☐ 268	**squirre**	다람쥐
	squirre	
☐ 269	**hedgehog**	고슴도치
	hedgehog	
☐ 270	**rabbit**	토끼
	rabbit	
☐ 271	**bear**	곰
	bear	
☐ 272	**panda**	팬더
	panda	
☐ 273	**monkey**	원숭이
	monkey	
☐ 274	**gorilla**	고릴라
	gorilla	

필수핵심영단어 400 (상황별 순서)

영어로 써보고 연습하기

☐ 275	침팬지	**chimpanzee**	chimpanzee
☐ 276	타조	**ostrich**	ostrich
☐ 277	펭귄	**penguin**	penguin
☐ 278	캥거루	**kangaroo**	kangaroo
☐ 279	고래	**whale**	whale
☐ 280	돌고래	**dolphin**	dolphin
☐ 281	물개	**fur seal**	fur seal
☐ 282	사자	**lion**	lion
☐ 283	기린	**giraffe**	giraffe
☐ 284	낙타	**camel**	camel

275. chimpanzee 침팬지
chimpanzee

276. ostrich 타조
ostrich

277. penguin 펭귄
penguin

278. kangaroo 캥거루
kangaroo

279. whale 고래
whale

280. dolphin 돌고래
dolphin

281. fur seal 물개
fur seal

282. lion 사자
lion

283. giraffe 기린
giraffe

284. camel 낙타
camel

필수핵심영단어 400 (상황별 순서)

영어로 써보고 연습하기

285 하마	hippopotamus	hippopotamus
286 코뿔소	rhinoceros	rhinoceros
287 코끼리	elephant	elephant
288 호랑이	tiger	tiger
289 개구리	frog	frog
290 뱀	snake	snake
291 악어	crocodile	crocodile
292 공룡	dinosaur	dinosaur
293 거북	turtle	turtle

285	**hippopotamus** 하마
	hippopotamus

286	**rhinoceros** 코뿔소
	rhinoceros

287	**elephant** 코끼리
	elephant

288	**tiger** 호랑이
	tiger

289	**frog** 개구리
	frog

290	**snake** 뱀
	snake

291	**crocodile** 악어
	crocodile

292	**dinosaur** 공룡
	dinosaur

293	**turtle** 거북
	turtle

필수핵심영단어 400(상황별 순서)

15. 아름다운 꽃들은 영어로 어떻게 부를까요?

영어로 써보고 연습하기

☐ 294	꽃	flower	flower
☐ 295	장미	rose	rose
☐ 296	백합	lily	lily
☐ 297	카네이션	carnation	carnation
☐ 298	튤립	tulip	tulip
☐ 299	팬지	pansy	pansy
☐ 300	해바라기	sunflower	sunflower

15. 아름다운 꽃들은 영어로 어떻게 부를까요?

☐ 294 **flower** 꽃
flower

☐ 295 **rose** 장미
rose

☐ 296 **lily** 백합
lily

☐ 297 **carnation** 카네이션
carnation

☐ 298 **tulip** 튤립
tulip

☐ 299 **pansy** 팬지
pansy

☐ 300 **sunflower** 해바라기
sunflower

필수핵심영단어 400 (상황별 순서)

16. 우리가 행동하고 느끼는 것을 영어로는 어떻게 표현할까요?

영어로 써보고 연습하기

301	긴다	creeping	creeping
302	앉는다	sitting	sitting
303	선다	standing	standing
304	걷는다	walking	walking
305	간다	going	going
306	온다	coming	coming
307	들어간다	entering	entering
308	나간다	exiting	exiting
309	달린다	running	running
310	뛰어오른다	jumping	jumping

16. 우리가 행동하고 느끼는 것을 영어로는 어떻게 표현할까요?

- [ ] 301 **creeping** 긴다
  creeping
- [ ] 302 **sitting** 앉는다
  sitting
- [ ] 303 **standing** 선다
  standing
- [ ] 304 **walking** 걷는다
  walking
- [ ] 305 **going** 간다
  going
- [ ] 306 **coming** 온다
  coming
- [ ] 307 **entering** 들어간다
  entering
- [ ] 308 **exiting** 나간다
  exiting
- [ ] 309 **running** 달린다
  running
- [ ] 310 **jumping** 뛰어오른다
  jumping

필수핵심영단어 400 (상황별 순서)

#	뜻	영어	연습
311	오른다	climbing	climbing
312	난다	flying	flying
313	연다	opening	opening
314	닫는다	closing	closing
315	출발한다	starting	starting
316	멈춘다	stopping	stopping
317	논다	playing	playing
318	웃는다	laughing	laughing
319	운다	crying	crying
320	말한다	talking	talking

311	**climbing** 오른다
	climbing
312	**flying** 난다
	flying
313	**opening** 연다
	opening
314	**closing** 닫는다
	closing
315	**starting** 출발한다
	starting
316	**stopping** 멈춘다
	stopping
317	**playing** 논다
	playing
318	**laughing** 웃는다
	laughing
319	**crying** 운다
	crying
320	**talking** 말한다
	talking

필수핵심영단어 400 (상황별 순서)

영어로 써보고 연습하기

#	뜻	영어	연습
321	이야기한다	speaking	speaking
322	원한다	wanting	wanting
323	먹는다	eating	eating
324	마신다	drinking	drinking
325	본다	looking	looking
326	듣는다	hearing	hearing
327	만진다	touching	touching
328	던진다	throwing	throwing
329	붙든다	catching	catching
330	잡는다	taking	taking

321	**speaking** 이야기한다
	speaking

322	**wanting** 원한다
	wanting

323	**eating** 먹는다
	eating

324	**drinking** 마신다
	drinking

325	**looking** 본다
	looking

326	**hearing** 듣는다
	hearing

327	**touching** 만진다
	touching

328	**throwing** 던진다
	throwing

329	**catching** 붙든다
	catching

330	**taking** 잡는다
	taking

필수핵심영단어 400(상황별 순서)

영어로 써보고 연습하기

331	놓는다	putting	putting
332	둔다	setting	setting
333	가리킨다	pointing	pointing
334	읽는다	reading	reading
335	쓴다	writing	writing
336	그림 그린다	drawing	drawing
337	노래한다	singing	singing
338	외친다	shouting	shouting
339	춤춘다	dancing	dancing
340	인사한다	greeting	greeting

☐ 331	**putting**	놓는다
	putting	
☐ 332	**setting**	둔다
	setting	
☐ 333	**pointing**	가리킨다
	pointing	
☐ 334	**reading**	읽는다
	reading	
☐ 335	**writing**	쓴다
	writing	
☐ 336	**drawing**	그림 그린다
	drawing	
☐ 337	**singing**	노래한다
	singing	
☐ 338	**shouting**	외친다
	shouting	
☐ 339	**dancing**	춤춘다
	dancing	
☐ 340	**greeting**	인사한다
	greeting	

17. 우리가 행동하는 것들을 영어로는 어떻게 표현하는지 알아봅시다

영어로 써보고 연습하기

341	공부한다	**studying**	studying
342	배운다	**learning**	learning
343	묻는다	**asking**	asking
344	가르친다	**teaching**	teaching
345	헤엄친다	**swimming**	swimming
346	씻는다	**washing**	washing
347	입는다	**wearing**	wearing
348	잠잔다	**sleeping**	sleeping
349	꿈꾼다	**dreaming**	dreaming
350	일한다	**working**	working

341	**studying** 공부한다
	studying

342	**learning** 배운다
	learning

343	**asking** 묻는다
	asking

344	**teaching** 가르친다
	teaching

345	**swimming** 헤엄친다
	swimming

346	**washing** 씻는다
	washing

347	**wearing** 입는다
	wearing

348	**sleeping** 잠잔다
	sleeping

349	**dreaming** 꿈꾼다
	dreaming

350	**working** 일한다
	working

필수핵심영단어 400 (상황별 순서)

영어로 써보고 연습하기

번호	뜻	영어	연습
351	청소한다	cleaning	cleaning
352	만든다	making	making
353	칠한다	painting	painting
354	운전한다	driving	driving
355	요리한다	cooking	cooking
356	돕는다	helping	helping
357	준다	giving	giving
358	자란다	growing	growing
359	산다	buying	buying
360	판다	selling	selling

351	**cleaning** 청소한다
	cleaning

352	**making** 만든다
	making

353	**painting** 칠한다
	painting

354	**driving** 운전한다
	driving

355	**cooking** 요리한다
	cooking

356	**helping** 돕는다
	helping

357	**giving** 준다
	giving

358	**growing** 자란다
	growing

359	**buying** 산다
	buying

360	**selling** 판다
	selling

18. 좋아하는 색깔을 알아볼까요?

영어로 써보고 연습하기

361	빨간	**red**	red
362	주황색	**orange**	orange
363	분홍색	**pink**	pink
364	노란	**yellow**	yellow
365	녹색	**green**	green
366	푸른	**blue**	blue
367	보라색	**violet**	violet
368	갈색	**brown**	brown
369	흰	**white**	white
370	검은	**black**	black

영어로 써보고 연습하기

18. 좋아하는 색깔을 알아볼까요?

361 **red** 빨간
red

362 **orange** 주황색
orange

363 **pink** 분홍색
pink

364 **yellow** 노란
yellow

365 **green** 녹색
green

366 **blue** 푸른
blue

367 **violet** 보라색
violet

368 **brow** 갈색
brow

369 **white** 흰
white

370 **black** 검은
black

필수핵심영단어 400 (상황별 순서)

☐ 371	빨간사과	**red apple**	red apple
☐ 372	주황색 주스	**orange juice**	orange juice
☐ 373	분홍색 담요	**pink blanket**	pink blanket
☐ 374	노란 바나나	**yellow banana**	yellow banana
☐ 375	녹색 풀밭	**green grass**	green grass
☐ 376	파란색 바지	**blue pants**	blue pants
☐ 377	보라색 포도	**violet grapes**	violet grapes
☐ 378	갈색 머리카락	**brown hair**	brown hair
☐ 379	흰색 냉장고	**white refrigerator**	white refrigerator
☐ 380	검은 구두	**blank shoes**	blank shoes

☐ 371	**red apple** 빨간 사과	
	red apple	
☐ 372	**orange juice** 주황색 주스	
	orange juice	
☐ 373	**pink blanket** 분홍색 담요	
	pink blanket	
☐ 374	**yellow banana** 노란 바나나	
	yellow banana	
☐ 375	**green grass** 녹색 풀밭	
	green grass	
☐ 376	**blue pants** 파란색 바지	
	blue pants	
☐ 377	**violet grapes** 보라색 포도	
	violet grapes	
☐ 378	**brown hair** 갈색 머리카락	
	brown hair	
☐ 379	**white refrigerator** 흰색 냉장고	
	white refrigerator	
☐ 380	**blank shoes** 검은 구두	
	blank shoes	

필수핵심 영단어 800 따라쓰기

초판1쇄 발행 2024년 11월11일

편저자 / 이투원 영어팀
발행처 / 도서출판 이투원
발행인 / 서 은 희
출판등록번호 / 제 2016 - 000211
대표메일 / e2one2621@naver.com
전화   / 1588 7138
주소   / 서울특별시 마포구 방울내로11길37 프리마빌딩312호
ISBN / 979-11-983819-2-7
정가 / 11,500원

저작권 법에 의해 보호를 받는 저작물이므로 무단 전제와 복제를 금합니다.